Neplač, Lišáku!

D... Cry, Sly!

retold by
Henriette Barkow

illustrated by
Richard Johnson

Czech translation
by Milada Sal

mantra lingua

Lišákova maminka věčně křičela:
"Ukliď si svůj pokoj! Umyj nádobí!"

Sly's mum was always shouting:
"Tidy your room! Do the dishes!"

"Vyčisti si zuby! Učeš se!"
A cokoliv Lišák udělal, nikdy
to jeho mamince nestačilo.

"Brush your teeth! Comb your hair!"
And however much Sly did, it was
never enough for his mum.

Červenka od vedle slyšela všechno. Nelíbílo se jí,
jak Lišákova maminka křičela a nadávala.

Next door Little Red could hear everything. She hated the way Sly's mum
always screamed and shouted.

Jednoho dne slyšela křik:
"Chci pečené kuře!"
A Červenka se začala
opravdu bát.

One day she heard a scream:
"I want roast chicken!"
And Little Red became very
very scared.

Lišák se bál taky. Nikdy před tím slepici nechytil, ale protože to byl chytrý lišák, měl plán.

Sly was scared too, he'd never caught a hen before,
but being a smart fox he had a plan.

Když Červenka vyšla ven, vplížil se do jejího domečku
a čekal a čekal, dokud se nevrátila.

When Little Red went out Sly sneaked into her house and waited and waited,
until she returned.

"Pomóc! Pomóc!" křičela Červenka, když uviděla Lišáka, a vyskočila nahoru na knihovnu.
Ale pro Lišáka to nebyl žádný problém, vždyť byl přece lišák a měl plán.

"Help! Help!" Little Red cried when she saw Sly and jumped up onto the top of the bookcase.
But that was no problem for Sly, after all, he was a fox with a plan.

Lišák se začal točit dokola a dokolečka a
chytat svůj ohon.
Točil se rychleji a rychleji až...

Sly started spinning round and round, chasing his tail.
Faster and faster he went until ...

...až Červenka začala padat dolů a padala
a padala rovnou do pytle - BUM!

Lišák táhl pytel dolů ze schodů
                    BUMTARATA,   BUM,   BUM,   BÁC!

...Little Red fell down, down, down into the sack - THUMP!

Sly dragged the sack down the stairs -
                    THUMPADY,   THUMPADY,   BUMP!

Když konečně došel do přízemí, byl už tak znavený
a malátný, že usnul hned u prvního schodu.

By the time he reached the ground he was so tired and
dizzy that he fell asleep at the bottom of the stairs.

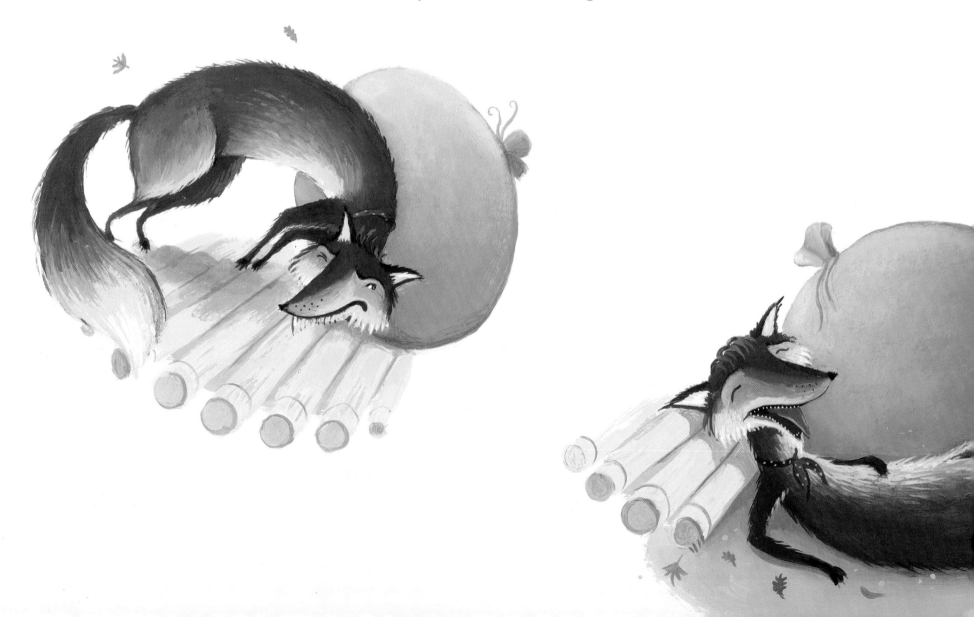

A to byla příležitost pro Červenku.

Now was Little Red's chance.

Protáhla se z pytle ven a utíkala tak rychle,
jak jen mohla nahoru do schodů.

She squeezed herself out of the sack
and ran as fast as she could,
up, up, up the stairs.

Když se Červenka vzpamatovala, přemýšlela o ubohém Lišákovi a o potížích, do kterých se dostal. Jak jen by mu mohla pomoci?

When Little Red had recovered she thought about poor Sly and all the trouble he would be in. What could she do to help?

Rozhlédla se po kuchyni a dostala nápad.

She looked around her kitchen and then she had an idea.

Jakmile skončila, probudila Lišáka a vysvětlila mu svůj plán.

When she had finished she woke Sly and told him of her plan.

Lišák přišel domů s těžkým pytlem. Udělal večeři, prostřel stůl a zavolal maminku. "Pečené kuře je hotovo, pojď a vem si!"

Sly went home with his heavy sack. He made the dinner and set the table, and then he called his mum. "Roast chicken is ready, come and get it!"

A jestlipak Lišákova maminka zase křičela a nadávala?
Křičela nadšením a volala radostí:
"To je nejlepší večeře, jakou jsem kdy měla!"

And did Sly's mum scream and shout?
She screamed with delight.
She shouted with joy: "That's the best dinner I've ever had!"

A od toho dne Lišák vařil a jeho nová kamarádka mu pomáhala.
A Lišákova maminka, ta už se na něj zlobila jen občas.

From that day forth Sly did all the cooking with the help of his new friend.
And Sly's mum, well she only nagged him now and then.

To the children of Mrs Michelsen's Class of 02
at Moss Hall Junior School
H.B.

For my friends, Rebecca Edwards
and Richard Holland
R.J.

First published in 2002 by Mantra Lingua Ltd
Global House, 303 Ballards Lane
London N12 8NP
www.mantralingua.com

Text copyright © 2002 Henriette Barkow
Illustration copyright © 2002 Richard Johnson
Dual language copyright © 2002 Mantra Lingua Ltd
This edition 2007

A CIP record for this book is available from the British Library